Grammatik *mit* Bewegung

K. und M. Wittschier

30 Grammatik-Spiele zum besseren Lernen

Bitte beachten Sie:
Bücher mit aufgetrenntem oder beschädigtem Siegel gelten als gebraucht und können nicht mehr zurückgegeben werden.
Servicetelefon: 02 08 – 495 04 98
Bücher dürfen nur von ihrem Erstbesitzer für den Unterricht kopiert werden. Siehe auch Impressumseite.

Verlag an der Ruhr

Impressum

Titel:	**Grammatik mit Bewegung** 30 Grammatik-Spiele zum besseren Lernen
Autoren:	Karola und Michael Wittschier
Illustrationen:	Magnus Siemens
Druck:	Druckerei Uwe Nolte, Iserlohn
Verlag:	Verlag an der Ruhr Alexanderstraße 54 – 45472 Mülheim an der Ruhr Postfach 10 22 51 – 45422 Mülheim an der Ruhr Tel.: 0208 / 439 54 50 – Fax: 0208 / 439 54 39 E-Mail: info@verlagruhr.de www.verlagruhr.de

© Verlag an der Ruhr 2003
ISBN 3-86072-768-0

geeignet für die Klasse

Ein weiterer Beitrag zum Umweltschutz:

*Das Papier, auf das dieser Titel gedruckt ist, hat ca. **50% Altpapieranteil**, der Rest sind **chlorfrei** gebleichte Primärfasern.*

Die Schreibweise der Texte folgt der reformierten Rechtschreibung.

Alle Vervielfältigungsrechte außerhalb der durch die Gesetzgebung eng gesteckten Grenzen (z.B. für das Fotokopieren) liegen beim Verlag. Der Verlag untersagt ausdrücklich das Speichern und zur Verfügungstellen dieses Buches oder einzelner Teile davon im Intranet, Internet oder sonstigen elektronischen Medien.

Inhaltsverzeichnis

	Vorwort	4
Wort**arten**	Nomen – Verb – Adjektiv	5
	Rotation	7
	Präposition & Co	9
	Der Stellvertreter	10
	Nein, Sir! Ich nicht, Sir!	12
	Der Schachtel-Dreh	13
	Der „Wer"-Wolf	14
	Die Ola-Higgel-Fälle	16
	Bitte Ankuppeln!	17
	Schnell, schneller, …	19
	Single-Party	21
	Immer in Bewegung	22
	Bäumchen wechsel dich	24
	Schnuffi gehört mir	26
Satz**glieder**	Satzsalat	27
	Alle Mann an Bord	28
	Einer für alle, alle für einen!	30
	Detektiv verrückt!	32
	Satzglied-Raupen	34
	Liedchen	35
	Sechs Experten	36
Attri**bute**	Was ist denn das für einer?	38
	Der Attribut-Würfel	40
	Wahltag	41
Glied**sätze**	Der rasende Reporter	42
	Wann? Wie? Warum?	44
Satz**arten**	1-2-3-4 Eckstein	45
Recht**schreibung**	Bis die Schlange das Biest biss	46
	lang – kurz – lang	47
Zeichen**setzung**	Jetzt mach aber mal ein Komma!	48
Wort**bildung**	Ein Nomen entsteht	49
An**hang**	Präpositionen – Adverbien	50
	Allerlei Gründe	51
	Umstandsangaben	52
	Gebärden-Alphabet	53
	Literaturtipps	54

Vorwort

„Die Hand ist das äußere Gehirn des Menschen."
I. Kant

Den Grammatikunterricht empfinden viele Schüler als bloße Plackerei. Da werden Wortarten gepaukt, abstrakte Regeln formuliert und Beispielsätze konstruiert – alles meist recht lustlos und eintönig nach dem Motto: *„Da müssen wir alle einfach durch."*

Dass Grammatik nicht immer mühseliges Pauken sein muss, sondern auch Spaß machen kann, zeigen die Spiele in dieser Mappe. Grammatik mit Bewegung ist **spielerisch-lebendiger Grammatikunterricht** mit Verstand, Herz und Hand.
In 30 motivierenden Mitmachangeboten lernen und festigen die Kinder und Jugendlichen das **grammatische Basiswissen der Klassen 5–8** aller Schulformen. Dabei treten sie entweder in Gruppen gegeneinander an oder üben als ganze Klasse. Die Spiele nutzen den Bewegungsdrang der Kinder und vermitteln und vertiefen spielerisch die Bereiche Wortarten, Satzglieder, Satzarten und Gliedsätze.

Verknüpfung von Bewegung und Inhalt

Die Kinder – und nicht zuletzt auch Sie als Lehrer/Lehrerin – profitieren davon in zweifacher Weise:

- **Mit Bewegung lernt es sich leichter.** Denn durch die Verknüpfung von Bewegung und Inhalt werden abstrakte Begriffe anschaulicher. Die Kinder können sie mit dem ganzen Körper nachvollziehen und sie auf diese Weise leichter verinnerlichen.

- **Abstrakte Inhalte erfordern viel Kopfarbeit und das bedeutet in der Regel langes Stillsitzen.** Gerade die jüngeren Kinder können sich aber nicht über längere Zeit konzentrieren.

Sinnvolle Ergänzung zum Grammatikunterricht

Mit Bewegungsangeboten bringen Sie **Abwechslung in Ihren Unterricht** und sorgen für die nötige Entspannung und Lockerung. Wir haben bei der Konzeption der Grammatik-Spiele darauf geachtet, dass sie sich sofort mit einfachen Mitteln umsetzen und abwechslungsreich variieren lassen. Sie sind aus langjähriger Unterrichtserfahrung und Nachhilfetätigkeit für lernschwächere Schüler entstanden und verstehen sich als sinnvolle Ergänzung zu den in den Schulbüchern angebotenen Grammatikübungen.
Nicht alle grammatischen Phänomene lassen sich jedoch sinnvoll mit Bewegungen in Verbindung bringen. Deshalb sollten Sie darauf achten, dass aus dem Bewegungsprinzip im Sprachunterricht kein ungeliebter Zwang wird. Wechseln Sie herkömmliche Grammatik-Übungen mit den hier vorgestellten Spielen ab oder halten Sie sie als *„Zwischendurch-Bonbons"* für die Schüler bereit.

Wir wünschen allen Kolleginnen und Kollegen viel Freude und Erfolg bei der Umsetzung unserer Spielideen.

Karola und Michael Wittschier,
Wipperfürth 2002

Nomen – Verb – Adjektiv (1)

Wort**arten**

Thema Wortarten

Altersstufe Ab Klasse 5

Sozialform Drei Großgruppen

Kurzbeschreibung Ein Wettspiel für die ganze Klasse nach dem bekannten Muster von „Stadt-Land-Fluss". Ihr trainiert die drei Wortarten Nomen, Verb und Adjektiv.

Spielvorbereitung Ihr bildet **drei große Gruppen A, B und C**. (Diesen Gruppen können zur Unterscheidung auch bestimmte Symbole zugeordnet werden.) Jede Gruppe bestimmt zunächst einen Startschüler. Am besten legt ihr auch gleich die Reihenfolge fest, in der die nächsten Spieler sich an die Tafel begeben.
Auf die inneren Tafelseiten und die Tafelmitte wird jeweils eine Wortart geschrieben und darunter mit den Buchstaben A, B und C die Reihenfolge, in der die drei Gruppen ihre Wörter aufschreiben sollen. Jede Gruppe bekommt ein Stück farbige Kreide (jede Gruppe eine andere Farbe).

Spielverlauf Euer Lehrer nennt einen beliebigen Buchstaben des Alphabets. Wie bei „Stadt-Land-Fluss" muss nun jede Gruppe versuchen, zu jeder Wortart ein passendes Beispiel zu finden und auf die entsprechende Tafelhälfte zu schreiben. Abschreiben gilt nicht!

- Der Startschüler von **Gruppe A** beginnt mit der Wortart *Nomen*,
- der von **Gruppe B** mit der Wortart *Verb* und
- der von **Gruppe C** mit der Wortart *Adjektiv*.

Wenn die Startschüler fertig sind, laufen sie möglichst schnell zu ihrer Gruppe zurück und übergeben die Kreide an den nächsten Schüler. Kommt einmal ein Spieler an der Tafel nicht weiter, kann er die Kreide auch sofort an einen anderen Spieler seiner Gruppe übergeben.

Die nächsten Spieler aus jeder Gruppe schreiben dann jeweils ein Beispiel aus der nächsten Wortgruppe an die Tafel. Dabei arbeiten die Gruppen versetzt nach einer bestimmten Reihenfolge:

Nomen – Verb – Adjektiv (2)

Wort**arten**

- **Gruppe A** fängt mit *Nomen* an und macht dann mit Verb und *Adjektiv* weiter.
- **Gruppe B** beginnt mit der Wortart *Verb* und arbeitet sich zum *Adjektiv* und *Nomen* vor.
- **Gruppe C** fängt dagegen mit einem *Adjektiv* an und macht dann mit *Nomen* und *Verb* weiter.

Hat eine Gruppe zu dem genannten Buchstaben jeweils ein Nomen, Verb und Adjektiv gefunden, endet die erste Spielrunde.
Der Lehrer ist der Schiedsrichter und vergibt die Punkte:
Für jedes richtig gefundene Beispielwort bekommt die jeweilige Gruppe 5 Punkte.
Wenn ihr es etwas schwerer machen wollt, könnt ihr den Gruppen bei Rechtschreibfehlern wieder einen Punkt pro Fehler abziehen.
Danach gibt euer Lehrer einen anderen Buchstaben des Alphabets vor und ein neuer Startschüler aus jeder Gruppe beginnt. Ihr könnt so lange spielen, bis jeder einmal an der Tafel war.

Mögliche Vorübungen

1. Euer Lehrer nennt in beliebiger Reihenfolge Beispiele für die Wortarten *Nomen*, *Verb* und *Adjektiv* und jeder von euch muss versuchen, das jeweils genannte Beispiel der richtigen Wortart zuzuordnen.
Dies könnt ihr entweder durch eine vorher vereinbarte Handbewegung tun (siehe Kasten unten) oder durch das Hochhalten einer Karteikarte, auf der die entsprechende Wortart steht.
Dafür solltet ihr möglichst verschiedenfarbige Karteikarten verwenden.

2. Ihr veranstaltet ein Laufwettspiel um den richtigen Wortartenplatz zwischen drei gleich großen Gruppen. Für jede Gruppe werden vor der Tafel drei Stühle mit den Bezeichnungen *Nomen*, *Verb* und *Adjektiv* aufgestellt.
Euer Lehrer nennt ein Beispielwort.
Aus jeder Gruppe läuft ein Schüler nach vorne und besetzt den richtigen Platz; für jede richtig besetzte Lösung bekommt die Gruppe einen Punkt.

Mögliche Handbewegungen für Wortarten könnten sein:

Nomen: Handflächen parallel zueinander	**Verb:** Handflächen bilden ein „V"	**Adjektiv:** Handflächen bilden ein Dach

Rotation (1)

Wortarten

Thema Wortarten

Altersstufe Ab Klasse 5

Sozialform Drei Großgruppen

Kurzbeschreibung Ein Wettspiel für die ganze Klasse nach dem bekannten Muster von „Stadt-Land-Fluss". Ihr trainiert die fünf Wortarten *Nomen*, *Verb*, *Adjektiv*, *Adverb* und *Präposition*.

Spielvorbereitung Bildet **drei gleich große Gruppen**. Jede Gruppe bestimmt einen Start-Schüler und legt am besten auch gleich die Reihenfolge fest, in der die übrigen Schüler weitermachen.
In jede der vier Ecken des Klassenzimmers und auf das Pult werden jeweils drei verschiedenfarbige leere Blätter mit den Kennbuchstaben A, B und C für die drei Gruppen gelegt.
Jede der vier Ecken sowie das Pult stehen für eine der fünf Wortarten: *Nomen*, *Verb*, *Adjektiv*, *Adverb* und *Präposition*.

Spielverlauf Alle Mitspieler befinden sich in der Mitte des Klassenzimmers. Die Startspieler der drei Gruppen dagegen stehen auf ihren Positionen in drei Ecken des Zimmers:

- der Startspieler der **Gruppe A** in der Nomen-Ecke,
- der Startspieler der **Gruppe B** in der Verb-Ecke und
- der Startspieler der **Gruppe C** in der Adjektiv-Ecke.

Euer Lehrer nennt einen beliebigen Buchstaben des Alphabets – außer C, X und Y (Für diese drei Buchstaben gibt es nämlich keine Adverbien!). Nach dem Muster von „Stadt-Land-Fluss" muss jede Gruppe nun versuchen, zu jeder Wortart ein passendes Beispiel zu finden und es auf das Blatt mit der ihr zugeordneten Farbe zu schreiben.

- Der Startschüler von **Gruppe C** beginnt dabei mit der Wortart *Nomen*,
- der Startschüler von **Gruppe B** mit der Wortart *Verb* und
- der Startschüler von **Gruppe C** mit der Wortart *Adjektiv*.

Rotation (2)

Wortarten

 Danach übergeben die Startschüler die Stifte an die nächsten Gruppenmitglieder, die dann das nächste Wort zu dem genannten Buchstaben in der nächsten Ecke aufschreiben. Dabei rotieren die Gruppen jeweils im Uhrzeigersinn.

Weiß ein Schüler mal nicht weiter, springt sofort ein anderer Spieler aus seiner Gruppe für ihn ein. Einen solchen Wechsel könnt ihr auch vor dem Spielbeginn vereinbaren.

Dann wird nach jedem Beispielwort gewechselt, d.h. in jeder Runde wird jede Gruppe von fünf Schülern vertreten.

Ist eine Gruppe fertig, endet die erste Spielrunde. Euer Lehrer ist der Schiedsrichter. Er schreibt die von euch genannten Wörter nach Wortarten sortiert an die Tafel und vergibt die Punkte: 5 Punkte für ein mehrfach genanntes Wort, 10 Punkte für ein Wort, das nur einmal pro Wortart vorkommt, 15 Punkte für ein Wort, das überhaupt nur einmal für eine Wortart gefunden wurde. Wenn ihr es etwas schwieriger machen wollt, könnt ihr den Gruppen bei Rechtschreibfehlern wieder einen Punkt pro Fehler abziehen.

Danach gibt euer Lehrer einen anderen Buchstaben des Alphabets vor und ein neuer Startschüler aus jeder Gruppe beginnt.

Ihr könnt so viele Runden spielen, dass jeder Schüler mindestens einmal dran war.

Mögliche Vorübungen

1. Euer Lehrer nennt in beliebiger Reihenfolge Beispiele für die Wortarten *Nomen*, *Verb*, *Adjektiv*, *Adverb*, *Präposition* und jeder Schüler soll versuchen, das jeweils genannte Beispielwort der richtigen Wortart zuzuordnen.
   Dies könnt ihr entweder durch eine vorher vereinbarte Hand- oder Armbewegung tun (siehe Kasten unten), mit den entsprechenden Handzeichen der Gebärdensprache (siehe Anhang, S. 53) oder mit Hilfe von verschiedenfarbigen Karteikarten.
2. Wenn ihr Schwierigkeiten bei der Unterscheidung zwischen Adverb und Präposition habt, könnt ihr euch im Anhang auf Seite 50 noch einmal in Ruhe eine Liste mit den häufigsten Adverbien und Präpositionen angucken. Merkt euch auf jeden Fall, dass Präpositionen im Satz nie allein stehen können.

Mögliche Hand- und Armbewegungen für die Wortarten:

Nomen: Handflächen parallel zueinander	**Verb:** Handflächen bilden ein „V"	**Adjektiv:** Hände bilden ein Dach	**Adverb:** Beide Hände zu Fäusten geballt	**Präposition:** rechte Hand zur Faust geballt

Präposition & Co

Wortarten

Thema	Wortarten
Altersstufe	Ab Klasse 5
Sozialform	Zwei Großgruppen
Kurzbeschreibung	Ihr lernt Präpositionen und Adverbien erkennen. In einem zweiten Schritt ergänzt ihr die Präpositionen und bildet Sätze mit ihnen. Dass die meisten Präpositionen einen bestimmten Fall als Ergänzung verlangen, soll hier erst einmal unberücksichtigt bleiben.
Spielvorbereitung	Bildet zwei **große Mannschaften** und stellt für jede drei Stühle mit den Bezeichnungen *Adverb*, *Präposition* und *Ergänzung* vor die Tafel. Jede Mannschaft bestimmt einen Start-Schüler.
Spielverlauf	Euer Lehrer nennt ein Adverb oder eine Präposition und der Startschüler jeder Gruppe muss nach vorne gehen und sich auf den entsprechenden Stuhl setzen. Dafür bekommt er einen Punkt für seine Mannschaft. Wenn der Lehrer eine Präposition nennt, ruft jeder der beiden vorne sitzenden Schüler einen anderen Schüler aus seiner Mannschaft zu sich. Dieser ist nun die Ergänzung und muss mit der vom Lehrer vorgegebenen Präposition einen Satz bilden. Ist dieser grammatisch korrekt, bekommt die jeweilige Mannschaft einen weiteren Punkt.

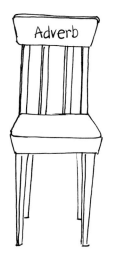 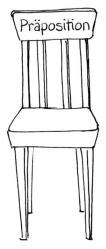 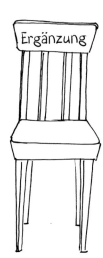

Der Stellvertreter (1)

Wortarten

Thema	Wortarten
Altersstufe	Ab Klasse 5
Sozialform	Zwei Großgruppen

Kurzbeschreibung

Was passiert, wenn der Chef einer Firma, der Direktor einer Schule oder der Bürgermeister einer Kleinstadt krank wird? Sein Stellvertreter muss ihn ersetzen. Diese Situation wird hier in ein grammatisches Bewegungsspiel zum Thema „Nomen und Pronomen" für zwei gegeneinander spielende Lerngruppen umgesetzt.

Spielvorbereitung

Bildet **zwei gleich große Gruppen**, wählt jeweils drei Chefs aus jeder Gruppe sowie drei Stellvertreter.
Stellt dann in der Klasse für jede Gruppe jeweils drei Chefsessel vor der Klasse auf. Die Chefsessel werden mit den Buchstaben „N" für *Nominativ*, „D" für *Dativ* und „A" für *Akkusativ* beschriftet. Darauf nehmen dann die Chefs Platz. Dahinter stellen sich ihre Stellvertreter (die Pronomen) auf.
Für das Spiel benötigt ihr außerdem Beispielsätze, in denen Nomen in den Fällen Nominativ, Dativ und Akkusativ vorkommen (siehe Beispielsätze S. 11).
Diese könnt ihr entweder vorher selbst formulieren oder euer Lehrer bereitet sie für euch vor. Weiterhin könnt ihr auch einen „Fall-Würfel" ins Spiel bringen.
Dieser sollte aber jeweils 2-mal mit den Zahlen 1, 3 und 4 beschriftet sein – für die drei Fälle Nominativ, Dativ und Akkusativ.

Spielverlauf

Die Chefs aus den drei Gruppen setzen sich auf ihre Chefsessel. Ihre Stellvertreter stellen sich dahinter auf. Euer Lehrer oder ein Spielleiter liest den ersten Beispielsatz vor. Daraufhin nennen die „Chefs" das Nomen, das sie in dem Beispielsatz vertreten, und den Fall, in dem das Nomen steht (Nominativ, Dativ oder Akkusativ).
Als nächstes ersetzen die hinter den Stühlen stehenden Stellvertreter die in dem Beispielsatz vorkommenden Nomen durch Pronomen (*er/sie/es*; *ihm/ihr/ihm* oder *ihn/ihr/ihn*).
Haben sie das richtig gemacht, dürfen sie ihrerseits die Chefsessel besetzen. Die „Chefs" kehren dagegen an ihre Plätze zurück.
Für jeden richtig erkannten Fall und jedes ersetze Pronomen bekommen die Gruppen jeweils einen Punkt.

Der Stellvertreter (2)

Wort**arten**

 Um das Ganze spannender zu machen kann man auch den „Fall-Würfel" benutzen.
Die Nomen-„Chefs" und ihre Stellvertreter müssen dann entsprechend der gewürfelten Zahl den Fall, in dem das jeweilige Nomen steht, benennen bzw. es durch ein Pronomen ersetzen:

- ⚀ → Nominativ
- ⚁ → Dativ
- ⚂ → Akkusativ

Mögliche Vorübungen

1. Der Toblerone-Dreh

Bringt von zu Hause eine (leere) Schachtel „Toblerone" mit. Nehmt sie vorsichtig auseinander und klebt sie so wieder zusammen, dass die unbedruckten Innenseiten nach außen zeigen.
Diese malt oder beklebt ihr dann mit den Ampelfarben rot, gelb und grün. Beschriftet die rote Seite mit dem bestimmten und unbestimmten Artikel „der" und „ein", die gelbe Seite mit „die" und „eine" und die grüne Seite mit „das" und „ein".
In einem Brainstorming sammelt ihr zunächst Nomen zu einem bestimmten Wortfeld (z.B. *Tiere, Kleidung, Stadt*). Euer Lehrer notiert die Nomen an der Tafel oder auf einer Folie. Zeigt der Lehrer nun auf ein Nomen, drehen alle Schüler gleichzeitig die Schachtelseite mit dem richtigen Artikel nach vorne.
Wenn alle die Schachtelseite mit der richtigen Farbe bzw. dem passenden Artikel zeigen, sagt ihr alle gemeinsam zunächst den bestimmten Artikel und das entsprechende Nomen und dann den unbestimmten Artikel und das entsprechende Nomen.

Beispielsätze
- ⚀ *Daniel wirft seinem Hund einen Ball zu.*
- ⚁ *Markus leiht seinem Nachbarn ein Radiergummi.*
- ⚂ *Asterix verpasst den Römern eine saftige Lektion.*
- ⚂ *Diese Blumen hat Mark seiner Freundin geschenkt.*
- ⚁ *Den Schülern wird die Direktorin eine Stunde freigeben.*
- ⚁ *Unserer Fußballmannschaft haben Eltern einen Ball gestiftet.*
- ⚂ *Keinen einzigen Brief hat Paul seinen Eltern geschrieben.*
- ⚁ *1000 € haben die Schulkinder dem Tierheim gespendet.*

2. Wer ist wer?

Zwei Schüler kommen nach vorne und stellen sich hintereinander auf. Der Hintere legt dem Vorderen die Hände auf die Schultern. Der Lehrer nennt jedem der Schüler ein Nomen, z. B. *„Katze"* und *„Hund"*. Der Hintermann formuliert nun einen Satz, in dem sein Nomen als „Täter" vorkommt und das seines Vordermanns als „Opfer", z.B. *„Die Katze sieht einen Hund."* Der Vordermann formuliert dann dazu die passenden W-Fragen: *„Wer sieht wen?"*
Anschließend tauschen die Schüler die Rollen: Aus dem „Opfer" wird der „Täter" und umgekehrt. Jetzt solltet ihr allerdings ein neues Verb benutzen, z.B.:
„Der Hund jagt die Katze."

Nein, Sir! Ich nicht, Sir!

Wortarten

Thema	Wortarten
Altersstufe	Ab Klasse 5
Sozialform	Plenum
Kurzbeschreibung	Ein Frage- und Antwortspiel mit der ganzen Klasse. Mit Hilfe von W-Fragen ermittelt ihr die Fälle.
Spielvorbereitung	Ihr bildet einen Stuhlkreis.

Spielverlauf

Der Lehrer formuliert kurze Hauptsätze, in denen nur die Vornamen seiner Schüler vorkommen, z.B.: „Johann sieht Ernesto." oder „Kristine gibt Verena einen Özgür."
Die angesprochenen Schüler reagieren in der Reihenfolge, nach der ihre Namen genannt wurden. Und zwar so: Sie stehen auf und fragen mit dem passenden Fragewort zu dem Fall, in dem sie im Satz auftauchen, zurück, z.B.:

„Wer, Sir?", „Wem, Sir?", „Wen, Sir?"

Dann stellen die angesprochenen Schüler die Gegenfrage sofort noch einmal, jetzt allerdings mit dem passenden Pronomen an Stelle des W-Wortes:

„Ich, Sir?", „Mir, Sir?", „Mich, Sir?"

In einem letzten Schritt wird die W-Frage doppelt verneint, wobei in der zweiten Verneinung noch einmal das passende Personalpronomen verwendet werden muss. Das klingt kompliziert, ist aber ganz einfach. Schaut euch einfach die Beispielsätze an:

„Nein, Sir! Ich nicht, Sir!";
„Nein, Sir! Mir nicht, Sir!";
„Nein, Sir! Mich nicht, Sir!"

Ihr müsst gut aufpassen, denn ihr solltet blitzschnell reagieren. Wer nicht sofort antwortet oder ein falsches Pronomen verwendet, scheidet aus. Das heißt, dass er in den folgenden Sätzen nicht mehr angesprochen wird.

Der Schachtel-Dreh

Wort**arten**

Thema — Wortarten

Altersstufe — Ab Klasse 5

Sozialform — Plenum

Kurzbeschreibung — Ihr bestimmt die Fälle, in denen das Nomen – unabhängig von seiner Satzgliedfunktion – auftauchen kann.

Spielvorbereitung — Jeder von euch bemalt oder beklebt eine rechteckige Schachtel (z.B. eine Zahnpastapackung) an den vier Längsflächen mit vier verschiedenen Farben und beschriftet sie mit den Namen der Fälle: *Nominativ* (rot), *Genitiv* (gelb), *Dativ* (blau) und *Akkusativ* (grün).

Spielablauf — Euer Lehrer gibt ein Signalwort vor, z.B. *„Wolf"*, und nennt dann verschiedene Sätze, in denen dieses Wort in einem der vier Fälle vorkommt. Ihr dreht dann die entsprechende Farbseite der Schachtel nach vorne zur Tafel. Bei dem Satz *„Rotkäppchen trifft den Wolf"* müsstet ihr z.B. die grüne Seite für den Akkusativ in Richtung Tafel halten.
Wenn ihr bei euren Mitschülern nicht richtig angezeigte Farben seht, helft ihr ihnen, diese zu korrigieren: Stellt ihnen einfach die richtige W-Frage.

Grammatik mit Bewegung

Der „Wer"-Wolf (1)

Wortarten

Thema		Wortarten
Altersstufe		Ab Klasse 5
Sozialform		Plenum
Kurzbeschreibung		Bei diesem Spiel geht es darum, die vier Fälle durch vier verschiedene Armbewegungen deutlich zu machen.
Spielvorbereitung		Vor Beginn des Spiels solltet ihr die dritte Strophe des Gedichts *„Der Werwolf"* von Christian Morgenstern lesen und auswendig lernen. Wir haben die Strophe hier im 1. und 4. Vers um die lateinischen Namen der Fälle ergänzt (in Klammern).

> *„Der Werwolf"* (Nominativ)
> – sprach der gute Mann,
> *„des Weswolfs*, Genitiv sodann,
> *dem Wemwolf*, Dativ, wie man's nennt,
> *den Wenwolf* (Akkusativ), – damit hat's ein End."

Nun lernt und übt ihr noch die folgenden Hand- und Armbewegungen für die vier Fälle:

Nominativ:	**Genitiv:**	**Dativ:**	**Akkusativ:**
rechte Hand heben, Arm im rechten Winkel zum Körper, offene Handfläche nach vorne	beide Hände vor dem Bauch zu einer Schale formen	rechte Hand heben, Arm im rechten Winkel zum Körper, offene Handfläche nach hinten	linke Hand heben, Arm rechtwinklig, offene Handfläche nach hinten

Grammatik mit Bewegung

Der „Wer"-Wolf (2)

Wortarten

Spielablauf Eurer Lehrer gibt einen Satz vor, z.B. *„Der Dackel des Bürgermeisters hat einen Preis gewonnen."*, und macht zum ersten Nomen des Satzes die Bewegung des Nominativs. Dann wiederholt er den Satz noch einmal und auch ihr macht beim Nomen *„Dackel"* die Bewegung für den Nominativ.

Anschließend bittet euer Lehrer einen Schüler, zu diesem Nomen die passende „Wer-Wolf-Frage" zu stellen: *„Wer hat einen Preis gewonnen?"* Die richtige Antwort wird dann noch einmal von allen wiederholt, wobei alle die Bewegung für den Nominativ noch einmal wiederholen.

Als nächstes führt der Lehrer die Bewegung für das Nomen im Genitiv *(„des Bürgermeisters")* aus. Ihr wiederholt die Bewegung und einer stellt wiederum die passende „W-Wolf-Frage".

So wird auch das Nomen *„Preis"* im Akkusativ vorgestellt, mit der entsprechenden Bewegung begleitet, erfragt und wiederholt.

Abschließend solltet ihr alle drei Nomen des Satzes mit den passenden Arm- und Handbewegungen am Stück begleiten können.

Die Ola-Higgel-Fälle

Wortarten

Thema	Vier Fälle des Nomens
Altersstufe	Ab Klasse 5
Sozialform	Plenum
Kurzbeschreibung	Ihr vertretet als Gruppe einen Fall und reagiert gemeinsam nach dem Prinzip der La-Ola-Welle auf seine Nennung.
Spielvorbereitung	Der Lehrer nennt Sätze, in denen ein bestimmtes, vorher festgelegtes Unsinnswort, z.B. „Higgel", in verschiedenen Fällen auftaucht. Ihr bildet vier Fallgruppen (*Nominativ, Genitiv, Dativ, Akkusativ*).
Spielablauf	Sobald der Lehrer das Unsinnswort ausgesprochen hat, steht die entsprechende „Fallgruppe" kurz auf und setzt sich wieder hin. Ein Satz kann auch mal mit vertauschten Satzgliedern in gleicher Funktion wiederholt werden, z.B.:

„Der Higgel spielt der Freundin seines Bruders einen Streich."
„Der Freundin seines Bruders spielt der Higgel einen Streich."

Beispielsätze:
- „Der Higgel stiehlt dem Kaninchen seines Freundes eine Möhre."
- „Fabio stiehlt dem Higgel seines Freundes eine Möhre."
- „Fabio stiehlt dem Kaninchen seines Higgels eine Möhre."
- „Fabio stiehlt dem Kaninchen seines Freundes einen Higgel."

Wenn alle das Prinzip verstanden haben, könnt ihr zur zweiten Phase der eigentlichen Welle übergehen: Bei jedem Nomen, das auftaucht, steht die entsprechende Fallgruppe kurz auf und setzt sich gleich wieder hin, wie bei der La-Ola-Welle. Dazu werden vom Lehrer oder von Mitschülern normale Sätze ohne Unsinnswörter oder verrückte Sätze, die nur aus Unsinnswörtern bestehen, vorgelesen.
In diesen Sätzen sollten möglichst alle vier Fälle vorkommen. Ihr könnt die Sätze in Gruppen im Unterricht oder auch zu Hause vorbereiten. Jeder von euch kann dann seinen lustigsten oder schönsten Satz vorlesen.

Bitte Ankuppeln! (1)

Wort**arten**

Thema	Verbvalenz
Altersstufe	Ab Klasse 5
Sozialform	Zwei Großgruppen

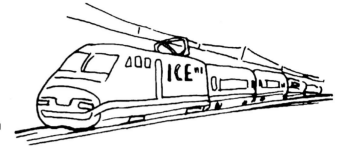

Kurzbeschreibung In diesem Spiel lernt ihr, dass es vom Verb als dem Prädikatskern abhängt, ob und wie viele Ergänzungen (außer dem Subjekt) ein vollständiger, grammatisch korrekter Satz braucht (Verbvalenz).

Spielvorbereitung Stellt eine Liste mit Verben zusammen, deren Ergänzungsstruktur (Valenz) eindeutig ist. Hier sind einige Beispiele:

- **Verben ohne Ergänzung**
  schlafen, arbeiten, lachen, spielen, husten, weinen, wandern, joggen, turnen, rennen, schwitzen

- **Verben mit Akkusativobjekt**
  etwas anzünden, etwas kaufen, etwas herstellen, etwas suchen, etwas finden, jemanden küssen, jemanden treffen

- **Verben mit Dativobjekt**
  jemandem helfen, jemandem glauben, jemandem zuhören, jemandem gehören, jemandem gefallen, jemandem folgen, jemandem (miss-)trauen

- **mit Dativ- und Akkusativobjekt**
  jemandem etwas schenken, jemandem etwas geben, jemandem etwas leihen, jemandem etwas mitteilen, jemandem etwas erklären

- **mit Akkusativ- und Präpositionalobjekt**
  jemanden um etwas bitten, jemanden nach etwas fragen, jemanden zu etwas überreden, jemanden von etwas überzeugen, jemanden an etwas hindern, jemanden an etwas erinnern

- **mit Präpositionalobjekt**
  sich über/auf etwas freuen, sich für etwas interessieren, sich an etwas/jemanden gewöhnen, sich um etwas/jemanden kümmern, auf etwas/jemanden warten, von etwas berichten.

Beispielsätze:
- „Er schläft." – Das Verb braucht keine Ergänzung.
- „Er sucht …" – Das Verb braucht ein Akkusativobjekt.
- „Er hilft …" – Das Verb braucht ein Dativobjekt.
- „Er interessiert sich …" – Das Verb braucht ein Präpositionalobjekt.

Bitte Ankuppeln! (2)

Wort**arten**

Bildet **zwei große Gruppen**. **Gruppe A** schickt einen Spieler nach vorne. Dieser vertritt den Prädikatskern und muss für einen vollständigen Satz sorgen. Das Subjekt bleibt in allen Sätzen gleich. Ihr könnt es einfach an die Tafel schreiben. Wenn der Lehrer ein Verb genannt hat, zeigt der vorn stehende Schüler an, ob er keine, eine oder zwei Ergänzungen braucht.
Dazu macht er entsprechende Bewegungen (siehe Kasten unten).

Spielverlauf

Wenn der Schüler Ergänzungen anfordert, muss er sagen, welche Art(en) von Ergänzungen er braucht.

Beispiel:
„schenken" – Der Schüler streckt beide Arme aus und sagt:
„Ich brauche ein Akkusativobjekt und ein Dativobjekt."

Dann kommen zwei Mitschüler aus seiner Gruppe nach vorne, „kuppeln" links und rechts an die Arme des Prädikatskerns an und denken sich sinnvolle Ergänzungen aus.

Beispiel:
„schenken" – „einen Fußball" + „Michael"

Wenn der Prädikatskern-Schüler die richtigen Ergänzungen angefordert hat und die Ergänzungs-Schüler mit den passenden Objekten einen richtigen Satz gebildet haben, erhält die Gruppe für die zwei Ergänzungen zwei Punkte. Danach ist **Gruppe B** mit dem nächsten Verb an der Reihe.
Der Lehrer kann die Vorgabe-Verben auch auf einzelne Zettel schreiben und jeweils blind ziehen, so dass niemand behaupten kann, er habe einer Gruppe schwierige Aufgaben gestellt oder durch die unterschiedlichen Valenzen zu mehr Punkten verholfen.

| keine Ergänzung: Arme hängen lassen | eine Ergänzung: Arm nach vorne strecken | zwei Ergänzungen: beide Arme ausstrecken |

Schnell, schneller, ... (1)

Wort**arten**

Thema		Steigerung der Adjektive
Altersstufe		Ab Klasse 5
Sozialform		Plenum
Kurzbeschreibung		Ihr steigert Adjektive. Ihr trainiert die Positiv-, Komparativ- und Superlativform, indem ihr euch verschieden große Bälle zuwerft. Gleichzeitig lernt ihr, in welchen sprachlichen Formulierungen die Steigerungsformen auftauchen: „so ... wie" (Positiv), „als" (Komparativ), „der ... von/am..." (Superlativ).
Spielvorbereitung		Der Lehrer bringt drei unterschiedlich große Bälle mit – möglichst leicht und in drei verschiedenen Farben. Die Bälle werden mit den Bezeichnungen „Positiv", „Komparativ" und „Superlativ" versehen (z.B. mit einem Klebestreifen). Ihr könnt auch drei verschieden große Bälle aus Papier formen. Bildet einen Stuhlkreis.
Spielverlauf		Der Lehrer wirft einem Schüler den kleinsten der drei Bälle zu. Dieser fängt den Ball auf und formuliert so schnell wie möglich einen Satz mit einem Adjektiv in der Positivform. Dann bekommt ein anderer Schüler den zweitgrößten Ball zugespielt und muss blitzschnell das Adjektiv aus dem von seinem Mitschüler gebildeten Satz steigern und mit dem gesteigerten Adjektiv einen Satz bilden. Der Schüler, der schließlich den größten Ball fängt, steigert es dann schließlich noch einmal in die Superlativform und bildet mit diesem wiederum einen Satz. Anschließend spielt ihr euch die Bälle untereinander zu. Natürlich lässt sich hierbei die Reihenfolge Positiv – Komparativ – Superlativ beliebig ändern. Versuchsweise kann der Lehrer auch Adjektive ins Spiel bringen, die sich nicht steigern lassen wie z.B. „tot", „blau", „einzig", „täglich" usw.

Schnell, schneller, ... (2)

Wort**arten**

Mögliche Vorübungen

1. Adjektiv-Gymnastik
Die Schüler sitzen zunächst auf ihren Stühlen und

- gehen entweder sofort in die Hocke, wenn ihnen der Lehrer ein Adjektiv in der Positivform nennt,
- machen eine Kniebeuge, wenn ein Adjektiv im Komparativ erscheint
- oder stehen auf, wenn ein Adjektiv als Superlativ genannt wird.

2. Riesen-Zwerge
Jeder von euch gibt ab und zu mal an und übertreibt dabei auch mal ein bisschen. Bei diesem Spiel könnt ihr nach Lust und Laune angeben und dabei übertreiben.
Drei Schüler gehen nach vorne und bekommen vom Lehrer ein Adjektiv genannt, z.B. *„schön"*.
Der erste Schüler nimmt das Adjektiv in der Positivform auf und charakterisiert sich damit auf witzige Weise selbst, z.B.:

„Ich habe so schöne Ohren wie eine Fledermaus."

Der neben ihm stehende Schüler steigert dieses Adjektiv, z.B.:

„Und ich habe schönere Ohren als ein Elefant."

Der Superlativ-Schüler setzt dann noch eins drauf, z.B:

„Und ich, ich habe die schönsten Ohren, fast wie Mr. Spock."

Single-Party

Wortarten

Thema		Wortarten, Nomen, Pronomen, Numerus
Altersstufe		Ab Klasse 5
Sozialform		Plenum
Kurzbeschreibung		Die Schüler trainieren die Singular- und Pluralformen der Personalpronomen.
Spielverlauf		In der ersten Spielrunde beginnt der Startschüler immer mit dem Satzanfang *„Ich, Björn, 1. Person Singular, bin …"* und ergänzt ihn dann sinnvoll oder lustig mit einem Nomen im Singular *„… ein FC-Fan"* und zeigt dabei auf sich. Anschließend spricht er einen beliebigen Mitschüler entweder mit dem Satz *„Sie, Anna, 3. Person Singular, ist auch ein FC-Fan"* oder mit dem Satz *„Du, Anna, 2. Person Singular, bist auch ein FC-Fan"* an und verweist dabei mit der Hand auf den Angesprochenen. Der Angesprochene setzt den gleichen Satz dann in die Pluralform *„Wir, Björn und Anna, 1. Person, Plural, sind FC-Fans",* und zeigt dabei auf sich und den ersten Schüler. In der zweiten Spielrunde wird ein Satz im Singular oder Plural vorgegeben und muss dann vom angesprochenen Schüler in die entsprechende Singular- oder Pluralform der 1., 2. oder 3. Person umformuliert werden.

Beispielsätze
- „Ihr seid wohl vom blauen Affen gebissen worden."
- „Du bist wohl vom blauen Affen gebissen worden."
- „Er kocht eine Suppe."
- „Sie kochen eine Suppe."

Immer in Bewegung (1)

Wort**arten**

Thema Zeitformen der Verben, Aktiv- und Passivformen

Altersstufe Klasse 5

Sozialform Plenum

Kurzbeschreibung Einzelne Schüler stellen pantomimisch bestimmte Zeitformen dar, die von ihren Mitschülern erraten werden. In einem zweiten Schritt trainieren sie die Umwandlung vom Aktiv ins Passiv und umgekehrt.

Spielverlauf Ein Schüler kommt nach vorne und stellt pantomimisch eine Verbform in einer bestimmten Zeit, Person und Zahl dar. Nach der Pantomime sagt er dem Lehrer leise, um welche Verbform es sich handelt. Die Mitschüler notieren ihre Lösungen und bestimmen hinter der Verbform das Verb nach Zeit, Person und Zahl. Wenn ihr die 1. Person Singular darstellen wollt, zeigt ihr auf euch selbst, bei der 2. Person Singular zeigt ihr auf einen Mitschüler, bei der 3. Person Singular auf den Lehrer; bei der 1. Person Plural auf die ganze Klasse, bei der 2. Person Plural auf eine Klassenhälfte und bei der 3. Person Plural in Richtung Nachbarklasse. Wenn alle einmal dran waren, ist das Spiel zu Ende und die Lösungen werden miteinander verglichen. Für die Darstellung der Zeiten könnt ihr die Bewegungen im Kasten auf Seite 23 nutzen.

Beispiel:
Eine Schülerin möchte die 3. Person Singular im Imperfekt von „boxen" „*er boxte*" darstellen. Um die Bedeutung des Verbs zu erklären, macht sie zuerst mit ihren Händen typische Boxbewegungen. Dann zeigt sie für die dritte Person Singular *(„er")* auf den Lehrer und zum Schluss streckt sie ihren rechten Arm nach hinten, um die Zeitform Präteritum darzustellen.

Mögliche Vorübungen

1. 12 Schüler suchen eine Verbform
Ihr bildet jeweils eine **Mannschaft aus 12 Schülern**: Sechs Schüler aus jeder Mannschaft stellen dabei jeweils eine bestimmte Zeitform (Präsens, Perfekt, Präteritum, Plusquamperfekt, Futur I und Futur II) und die anderen sechs Schüler die sechs Personalformen dar. Ihr könnt die Rollen auf Karteikarten schreiben und verteilen. So weiß jeder immer, was er darstellt.
Nennt der Lehrer jetzt eine Verbform, z.B. „*ihr hattet gelacht*", muss aus jeder Mannschaft der Vertreter für das Plusquamperfekt und der Vertreter für die 2. Person Plural nach vorne kommen.

Immer in Bewegung (2)

Wort**arten**

Für jeden richtigen „Lösungs-Schüler" gibt es für die jeweilige Mannschaft einen Punkt.

2. Die Verbwürfel

Jeder Schüler bastelt sich entweder aus Pappe drei gleich große Würfel oder bekommt vom Lehrer drei Holzwürfelklötzchen, die sich leicht von einem Vierkantstab absägen lassen. Einer der Würfel wird mit den 6 Personalpronomen in Singular und Plural beschriftet, der zweite mit den 6 Zeiten und der dritte mit sechs verschiedenen Verben. Bildet einen Stuhlkreis.
Nachdem ein Startschüler seine drei Würfel geworfen hat, bestimmt er einen Mitschüler, der die den Würfeln entsprechende Zeitform bilden muss (z.B. Präteritum – 2. Person Singular – singen: du sangst). Ist seine Antwort richtig, ist er an der Reihe mit dem Würfeln. Wenn alle einmal dran waren, ist das Spiel zu Ende.

Variationsmöglichkeiten:

Ihr könnt die pantomimische Darstellung von Zeitformen auch dazu nutzen, Passiv- und Aktivformen zu trainieren. Teilt die Klasse in **zwei gleich große Gruppen** ein: die Aktiv- und die Passiv-Gruppe. Ein beliebiger Schüler aus der Aktiv-Gruppe stellt dann pantomimisch eine bestimmte Verbform dar, z.B. *„wir haben gesehen"*. Dann bestimmt er einen Schüler aus der Passiv-Gruppe, der dann die entsprechende Passivform dazu bildet und laut sagt: *„Wir sind gesehen worden."* Gelingt ihm das fehlerfrei, bekommt seine Gruppe einen Punkt und er darf eine Passivform pantomimisch darstellen, die wiederum ein Schüler aus der Aktiv-Gruppe in die richtige Aktivform übersetzen muss.

Nach ein paar Runden könnt ihr die Rollen tauschen:
Aus der Aktiv-Gruppe wird die Passiv-Gruppe und umgekehrt.

Präsens: beide Arme seitlich ausgestreckt	**Futur I:** linken Arm nach vorne strecken	**Futur II:** beide Arme nach vorne strecken

Perfekt: beide Hände zusammenpressen	**Präteritum:** rechter Arm nach hinten	**Plusquamperfekt:** beide Arme nach hinten

Bäumchen wechsel dich (1)

Wort**arten**

Thema	Verben, Aktiv- und Passivformen, transitive und intransitive Verben
Altersstufe	Klasse 7
Sozialform	Plenum
Kurzbeschreibung	Mit Hilfe von Satzbeispielen lernt ihr, wie aus dem Akkusativobjekt des Aktivsatzes das Subjekt des Passivsatzes wird. Anschließend könnt ihr den Unterschied zwischen transitiven und intransitiven Verben mit Hilfe eines einfachen Fingerbewegungsspiels kontrollieren.
Spielvorbereitung	Vor der Tafel werden drei Stühle aufgestellt. Über den linken Stuhl wird an die Tafel das Wort *„Subjekt"* geschrieben, über den Stuhl in der Mitte das Wort *„Akkusativobjekt"* und über den rechten Stuhl das Wort *„Präpositionalobjekt"*.
Spielverlauf	**Zwei Schüler A und B** nehmen auf den Stühlen *„Subjekt"* und *„Akkusativobjekt"* Platz. Der Lehrer gibt dem Schüler A auf dem Subjekt-Stuhl – ohne dies ausdrücklich zu erwähnen – ein transitives Verb vor. Er schreibt es auf die linke Tafelhälfte. Dann bittet er den Schüler A, damit einen Satz zu bilden, der sich auf ihn selbst und auf seinen Stuhlnachbarn, das „Akkusativobjekt", bezieht, z.B. *„sehen"*: *„Ich sehe Holger."* Danach setzt sich das so angesprochene „Akkusativobjekt" (Schüler B) auf den Subjekt-Stuhl und das „Subjekt" (Schüler A) nimmt auf dem Präpositional-Stuhl Platz. Dort zeigt Schüler A dann zunächst auf das neue Subjekt, Schüler B, und formuliert dann den Sachverhalt des Aktivsatzes im Passiv: *„Holger wird von mir gesehen"*, und zeigt dabei abschließend auf sich selbst. Hat er den Passivsatz richtig gebildet, darf er sich wieder auf seinen Platz setzen. Ein anderer Schüler kommt nach vorne und setzt sich auf den „Akkusativobjekt"-Platz.

Bäumchen wechsel dich (2)

Wort**arten**

Im Laufe dieses Aktiv-Passiv-Umformungs-Spiels sollte der Lehrer hin und wieder auch einmal ein intransitives Verb vorgeben und es auf die rechte Tafelhälfte schreiben. So wird allen Schülern deutlich, dass sie damit weder einen Aktivsatz mit Akkusativobjekt bilden können noch die Umformulierung in das Passiv gelingt.
Am Ende werden die Verben auf der linken Tafelhälfte als transitiv und die auf der rechten Tafelhälfte als intransitiv benannt.

Alle Vögel fliegen hoch
Wenn ihr euch bei der Unterscheidung von aktiven und passiven Verben noch nicht sicher seid, könnt ihr mit diesem Spiel noch ein bisschen trainieren.
Nach dem Muster des Kinderspiels *„Aktion Pimperle, alle Vögel fliegen hoch"* trommelt ihr mit beiden Zeigefingern auf die Tischplatte und lasst sie nur dann hochfliegen, wenn der Lehrer euch einen Satz mit einem transitiven Verb nennt.

Beispielsätze:
- *„Ich sehe einen grünen Kakerdakerluki":*
  Finger fliegen hoch!
- *„Der kleine Oruro schläft":*
  Finger trommeln weiter.
- *„Die wunderschöne Zubin wird bejubelt":*
  Finger fliegen hoch!

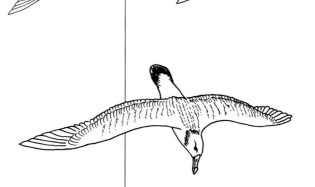

Schnuffi gehört mir

Wortarten

Thema Possessiv- und Demonstrativ-Pronomen und Begleiter

Altersstufe Ab Klasse 6

Sozialform Plenum

Kurzbeschreibung Ihr lernt die unterschiedliche Funktion eines Substantivbegleiters und eines echten Pronomens kennen.

Spielvorbereitung Bringt alle von zu Hause euer Lieblings-Kuscheltier mit.

Spielverlauf Der Lehrer eröffnet das „Mein-dein-sein-Spiel" mit dem Satz: *„Dieses Stofftier gehört Marc. Wie heißt es?"* Der angesprochene Schüler soll die Aussage bestätigen, aber jetzt den bestimmten Artikel an Stelle des Demonstrativbegleiters verwenden, anschließend das passende Personalpronomen, dann ein echtes (Demonstrativ-)Pronomen und schließlich noch den Possessiv-Begleiter.
Das klingt jetzt vielleicht sehr kompliziert, aber wenn ihr das Schema einmal verstanden habt, ist es ganz leicht.

> **Hinweis für den Spielleiter**
> Machen Sie den Schülern am Ende noch einmal deutlich, dass sie bei diesem Spiel einerseits Pronomen und andererseits Nomen-Begleiter verwenden und dass diese im Satz eine unterschiedliche Funktion haben. Abschließend können Sie noch auf den Unterschied zwischen den Artikeln *der*, *die*, *das* und den gleich lautenden Relativpronomen verweisen.

Beispielsatz

„Dieses Stofftier gehört Marc. Wie heißt es?"

↑
Demonstrativ-
begleiter

„Das Stofftier gehört mir, das ist mein Schnuffi!"

↑ ↑ ↑ ↑
bestimmter | Personal- | Demonstrativ- | Possessiv-
Artikel | pronomen | pronomen | begleiter

Dann zeigt der Schüler mit dem Stofftier auf einen Mitschüler, der diesen Sachverhalt sowohl negativ als auch positiv bestätigt (*„Ja, das stimmt, dieses Stofftier ist nicht mein Schnuffi, sondern sein Schnuffi, meins heißt Knuddel."*) und dabei am Schluss seiner Aussage das echte Possessiv-Pronomen verwendet. So stellt ihr nach und nach alle Schmusetiere in der Klasse vor.

Satzsalat

Satzglieder

Thema	Satzglieder erkennen	
Altersstufe	Klasse 5	
Sozialform	Plenum	
Kurzbeschreibung	In diesem Spiel lernt ihr Satzglieder zu erkennen. Ihr stellt einzelne Wörter dar und baut grammatisch richtige und falsche Sätze.	
Spielvorbereitung	Der Lehrer schreibt einen kurzen Hauptsatz – möglichst mit zwei bis drei Wörtern für Subjekt und Objekt – an die Tafel, z.B. *„Der dicke Max sieht den dünnen Moritz."*	
Spielverlauf	Für jedes Wort des Satzes kommt ein Freiwilliger nach vorne und merkt sich sein Wort. Die stellen sich dann entsprechend der Wortfolge im Satz auf und sprechen – jeder mit seinem Wort – den ganzen Satz. Dann tauschen sie willkürlich die Plätze. Ergibt sich aus der neuen Wortreihe ein grammatisch falscher Satz, z.B. *„Max Moritz dicke sieht der dünnen den"*, oder wird durch die neue Wortreihe die Satzaussage verändert, z.B. *„Der dünne Moritz sieht den dicken Max"*, tauschen die Schülerwörter erneut die Plätze und versuchen einen grammatischen Satz zu bilden, der das Gleiche aussagt wie der ursprüngliche Satz – nur in anderer Reihenfolge der Satzglieder, z.B. *„Den dünnen Moritz sieht der dicke Max."*	

Hinweis für den Spielleiter:
In der ersten Runde sollten keine Prädikatsklammern vorkommen und als Nominalgruppen nur Subjekt und Objekt. In einem weiteren Schritt können Sie dann einen zweiteiligen Prädikatskern verwenden, der natürlich von zwei Schülern vertreten wird, die aber als getrennte Einheit erkennbar sein sollten (möglicherweise Schüler mit demselben Vornamen oder mit gleichfarbigen Pullovern oder man hat das Glück, ein Zwillingspaar in der Klasse zu haben).

Wenn die Schüler einen geeigneten Satz gefunden haben, geben sich die Schüler, deren Wörter zusammengehören, d. h. die zusammen den Platz tauschen müssen, die Hand und versuchen, noch einmal zu tauschen. Das Ganze wird so lange mit neuen Sätzen wiederholt, bis alle Schüler der Klasse dran waren.

Alle Mann an Bord (1)

Satz**glieder**

Thema	Satzglieder erweitern	
Altersstufe	Ab Klasse 5	
Sozialform	Zwei Großgruppen	
Kurzbeschreibung	Ihr lernt, wie Wörter bzw. Wortarten eine gemeinsame Funktion als Satzglied erfüllen und dass dabei die Anzahl der Wörter, d. h. die Länge der Satzglieder, keine Rolle spielt. Natürlich gibt es hierbei eine Verständnisgrenze. Diese könnt ihr am Ende des Spiels an einem überlangen Satz, z.B. mit in Satzglieder eingeschobenen Relativsätzen demonstrieren.	
Spielvorbereitung	Teilt die Klasse in zwei gleich große Gruppen ein. Bei einer ungeraden Schülerzahl kann einer der Schüler Schiedsrichter sein.	
Spielverlauf	Je vier Schüler jeder Gruppe bilden den Anfangssatz, bestehend aus Subjekt, Prädikatskern, Dativobjekt und Akkusativobjekt, z.B.	

„Frank schenkt Thomas Äpfel" oder
„Sarah gibt Christina Schokolade."

Jeder Schüler stellt dabei ein Satzglied dar. Ihr könnt euch den Satz selbst ausdenken oder der Lehrer gibt ihn euch vor. Die beiden Anfangssätze stehen sich so gegenüber, dass das Subjekt dem Subjekt gegenüber steht und das Verb dem Verb usw.
Diese vier Basis-Satzglieder jeder Gruppe überlegen nun leise, welches ihrer Satzglieder erweitert werden soll und auf welche Weise (lustig, verrückt oder einfach normal). Sie sollten aber versuchen, die Satzglieder um möglichst viele Erweiterungen (Mitschüler) zu ergänzen.

Wenn die Vier sich auf eine oder mehrere Erweiterungen geeinigt haben, bitten sie entsprechend viele Mitschüler aus ihrer Gruppe zu sich und sagen ihnen, welches neue Wort (in welchem Satzglied) sie nun vertreten. Anschließend sagen beide Gruppen die erweiterten Sätze noch einmal auf. Jeder Schüler sagt sein Wort!

Das Subjekt „Frank" könnte z.B. folgendermaßen erweitert werden:
- „Der Frank",
- „Der nette Frank",
- „Frank, mein netter Freund" oder auch
- „Frank, der mein netter Freund ist".

Alle Mann an Bord (2)

Satz**glieder**

 Danach geht es wieder von vorne los und die beiden Satz-Gruppen überlegen und erweitern erneut.

Sieger ist die Gruppe, der es zuerst gelungen ist, alle Schüler aus ihrer Gruppe im Satz sinnvoll und grammatisch korrekt unterzubringen. Der Schiedsrichter notiert sich die gebildeten Sätze auf einem Zettel. Einen Extrapunkt gibt es für die Gruppe mit den meisten Wortarten!

Bevor man „Alle Mann an Bord" noch einmal mit neuen Anfangssätzen ausprobiert, sollten die Schüler zunächst versuchen, ihre beiden im Satzglied-Erweiterungsspiel gefundenen Sätze wieder auf ein Minimum – sprich Personalpronomen – zu reduzieren.
Dafür bietet sich das nächste Spiel „Einer für alle, alle für einen!" an.

Einer für alle, alle für einen! (1)

Satz**glieder**

Thema		Satzglieder auf ein Minimum reduzieren
Altersstufe		Ab Klasse 5
Sozialform		Zwei Großgruppen
Kurzbeschreibung		Ihr reduziert umfangreiche Satzglieder, z.B. als Ergebnis von *„Alle Mann an Bord!"* (s. S. 28/29), mit Hilfe von Personalpronomen auf ein Minimum.
Spielvorbereitung		Die Schüler stehen sich in **zwei gleich großen Satzgruppen** (**Gruppe A** und **B**) gegenüber, wobei jeder Schüler ein Wort vertritt und die einzelnen Satzglieder sich jeweils gegenüber stehen. Jede Satzgliedgruppe der beiden Sätze bestimmt aus seiner Mitte einen Schüler (Alle für einen!), der die komplette Satzglied-Gruppe im weiteren Spielverlauf als Pronomen vertreten soll (Einer für alle!).
Spielverlauf		Nachdem beide Satzgruppen noch einmal Wort für Wort ihren Satz wiederholt haben, bestimmt der Vertreter für den Prädikatskern von **Gruppe A**, welches seiner drei Nominalsatzglieder (1, 2 oder 3) gleich nur noch *„Rhabarber-Rhabarber"* murmeln darf. Und nach dieser Vorgabe formuliert seine Satzgruppe jetzt noch einmal Wort für Wort ihren Satz, z.B.:

„Rhabarber (für „Der"), Rhabarber (für „nette"), Rhabarber (für „Tim") verspricht dem freundlichen Florian einen roten Heißluftballon."

Die Schüler aus dem entsprechenden Satzglied in **Gruppe B** stellen ihren „Rhababer"-Gegenübern die passende W-Frage, z.B.:

„Wer verspricht dem freundlichen Florian einen roten Heißluftballon?"

Es macht gar nichts, wenn alle dabei etwas durcheinander reden. Die Vertreter der angesprochenen Satzglied-Gruppe aus **A** zeigen daraufhin auf ihren vorher bestimmten Pronomenvertreter und nennen ihn bei seinem passenden Pronomen-Namen, z.B.:
„Er verspricht dem freundlichen Florian einen roten Heißluftballon."
Bis auf den Pronomenvertreter verlassen die restlichen Schüler-Wörter nun das jeweilige Satzglied.

Einer für alle, alle für einen! (2)

Satz**glieder**

Als Nächstes bestimmt der Wortvertreter für den Prädikatskern von **Gruppe B**, welches Satzglied „Rhababer-Rhababer" murmeln soll und schließlich seinen Platz verlassen muss. Dieser Vorgang wiederholt sich so lange, bis das Subjekt, das Dativ-Objekt und das Akkusativ-Objekt in beiden Gruppen nur noch von einem Personalpronomen-Vertreter dargestellt werden, z.B.: „*Er verspricht ihn ihm.*" In diesem Fall rückt das Akkusativobjekt vor das Dativobjekt. Das gilt aber nur für die Personalpronomen.

An dieser Stelle des Spiels solltet ihr euch überlegen, ob ein solcher Satz noch sinnvoll verstanden werden kann. Kann ein Fremder, der in diesem Augenblick den Raum betritt und euren Satz hört, mit dieser Information noch etwas anfangen?

Zum Schluss versuchen beide Gruppen den ursprünglichen Satz möglichst schnell und fehlerfrei zu rekonstruieren. Zur Kontrolle hat der Spielleiter die Lösung zur Hand. Die Gruppe, der es nicht mehr gelingt, hat verloren. Gewonnen habt ihr aber natürlich trotzdem alle, denn ihr habt nun eine Menge neues Wissen über Satzglieder.

Detektiv verrückt! (1)

Satzglieder

Thema	Subjekt, Prädikat, Objekte und Umstandsangaben
Altersstufe	Ab Klasse 6
Sozialform	Plenum
Kurzbeschreibung	Ihr kennt nun schon die Satzglieder *Subjekt, Prädikatskern, Dativobjekt* und *Akkusativobjekt*. Anhand von Detektivfragen lernt ihr in diesem Spiel zusätzlich *Umstandsangaben, bzw. adverbiale Bestimmungen (Zeit, Ort, Art und Weise, Grund)* kennen.
Spielvorbereitung	Stellt euch vor, ihr schnappt aus einem Gespräch das Wort *„Übergabe"* auf, aber bekommt, so sehr ihr euch auch anstrengt, keine weiteren Informationen dazu. Ihr merkt aber am Verhalten der Sprecher, dass da etwas Heimliches stattfinden soll. Und? Seid ihr neugierig geworden und stellt euch verschiedene Fragen? Was würdet ihr alles über diese heimliche Übergabe herausbekommen wollen?

Versucht es mit den W-Fragen! Der Lehrer notiert die Fragen an der Tafel und formuliert mit ihnen einen Fragesatz, etwa so: *„Wer übergibt wem was, wann, wo, wie und warum?"* Da es sich um eine Übergabe handelt, könnt ihr als Detektive zu diesem Zeitpunkt lediglich wissen, dass es sich um mehrere noch unbekannte Personen handelt, die etwas übergeben wollen. Entsprechend könntet ihr den Fragesatz auch zu einem Aussagesatz umformulieren: *„Irgendwer übergibt irgendjemandem irgendwann irgendwo irgendwie aus welchem Grund auch immer irgendwas."* Den so noch unbestimmten Satzgliedern könnt ihr nun die passenden Fragewörter und die passenden Satzglied-Bezeichnungen zuordnen.

Jeder, der den Satzgliedern ein Fragewort oder eine Satzglied-Bezeichnung zuordnen kann, kommt an die Tafel und schreibt seine Lösung an die entsprechende Stelle.
Nachdem ihr den Fragesatz in einen Aussagesatz umformuliert habt, wird dieser dann im Spiel von Mitspieler zu Mitspieler weitergereicht und Satzglied für Satzglied aufgelöst.

Irgendwer	**übergibt**	**Irgendjemandem**	**irgendwann**
wer?			
Irgendwo	**irgendwie**	**warum auch immer**	**irgendwas.**

Detektiv verrückt! (2)

Satz**glieder**

 Das funktioniert folgendermaßen:

Ein Schüler fängt an und ersetzt in dem Bandwurm-Satz *„irgendwer"* durch ein anderes Substantiv, z.B.:

„Der Postbote übergibt irgendjemandem irgendwann irgendwo irgendwie aus welchem Grund auch immer irgendwas."

Dann gibt er diesen Satz an den Nächsten weiter, der wiederum *„irgendjemandem"* ersetzt:

„Der Postbote übergibt dem Gemüsehändler irgendwann irgendwo irgendwie aus welchem Grund auch immer irgendwas."

Der Satz wird so lange weitergereicht, bis er ganz aufgelöst ist oder bis sich jemand verspricht.
Bei dem Spiel gibt es keine Verlierer oder Sieger. Es macht einfach Spaß, den Satz so weit wie möglich weiterzugeben.

Satzglied-Raupen

Satz**glieder**

Thema Subjekt, Prädikat, Objekte und Umstandsangaben

Altersstufe Ab Klasse 6

Sozialform Plenum

Kurzbeschreibung Dieses Spiel baut auf dem vorhergehenden („Detektiv verrrückt", s.S. 32/33) auf. Die Schüler haben darin die Satzglieder bereits „aufgelöst", nun wird das Ganze mit Bewegung verbunden.

Spielverlauf Ihr bildet zwei Gruppen zu je acht Schülern. Diese beiden Gruppen stellen sich als Satzglied-Raupen vor der Klasse auf und zwar in der umgekehrten Reihenfolge, in der die Satzglieder an der Tafel stehen (siehe Spiel „Detektiv verrückt").
Der erste Schüler vertritt also das Akkusativ-Objekt, der zweite die Adverbiale Bestimmung des Grundes usw. bis hin zum Subjekt. Jeder der acht Satzgliedvertreter denkt sich wieder eine Vermutung zur heimlichen Übergabe aus. Nur der Vertreter für den Prädikatskern nicht, denn der hat ja durch die Vorgabe des Verbs „übergeben" schon ein Wort.
Dann taucht in beiden Gruppen der Schluss-Schüler ab.
Er krabbelt unter den gespreizten Beinen der anderen sieben Schüler hindurch, stellt sich vor den Schüler, der das Akkusativ vertritt, und verkündet der restlichen Klasse seine Vermutung, z.B. „den Oberförster" in **Gruppe A** und „die Eiswürfelmaschine" in **Gruppe B**. Dann folgt in beiden Gruppen der siebte Schüler, der sich vor das Subjekt stellt, und immer so weiter. Die Vermutungen werden notiert und die Klasse stimmt abschließend über die schönste, lustigste oder verrückteste Lösung des Falles ab.

Natürlich könnt und sollt ihr auch Unsinns-Sätze bilden. Der Spielleiter sollte lediglich darauf achten, dass eine passende Antwort auf die jeweilige Satzglied-Frage gefunden wird. Passt sie nicht, muss der entsprechende Schüler noch einmal von hinten nach vorne durch die Beine seiner Mitschüler kriechen und sich dabei eine neue Antwort ausdenken.

Liedchen

Satzglieder

Thema	Satzglieder bestimmen
Altersstufe	Ab Klasse 5
Sozialform	Einzelarbeit, Partnerarbeit

Kurzbeschreibung

Das *„Liedchen"* von Joachim Ringelnatz eignet sich sehr gut dazu, zu verdeutlichen, dass in der deutschen Sprache jeder Satz mindestens zwei Satzglieder braucht – nämlich Subjekt und Prädikatskern – um als grammatisch korrekt zu gelten.
Dies lässt sich sowohl durch das Stellen der „Wer?"-Frage (Subjekt) bzw. der „Was-tut?"-Frage (Prädikatskern) überprüfen als auch durch die Weglassprobe von Subjekt und Prädikatskern.

> **Liedchen**
>
> Die Zeit vergeht.
> Das Gras verwelkt.
> Die Milch entsteht.
> Die Kuhmagd melkt.
>
> Die Milch verdirbt.
> Die Wahrheit schweigt.
> Die Kuhmagd stirbt.
> Ein Geiger geigt.
>
> Joachim Ringelnatz

Spielvorbereitung

Verfasst nach dem Muster des Gedichtes von Joachim Ringelnatz eigene Gedichte mit einem Subjekt und einem Prädikatskern. Schreibt dann eure Gedichte auf buntes Tonzeichenpapier ab. Achtet dabei auf eine möglichst große und leserliche Schrift und lasst etwas mehr Zwischenraum zwischen den einzelnen Worten. Die Gedichte sollen nämlich später auseinander geschnitten werden, sodass Subjekt und Prädikatskern voneinander getrennt werden.

Spielverlauf

Tauscht eure auseinander geschnittenen Gedichte mit einem Partner eurer Wahl und setzt dann eure Gedichte jeweils neu zusammen.
Für jeden richtig zusammengesetzten Satz gibt es einen Punkt. Wahlweise könnt ihr auch statt der richtigen die originellsten Kombinationen bepunkten.

Sechs Experten (1)

Satzglieder

Thema		Subjekt, Prädikat, Objekte, Umstandsangaben, W-Fragen
Altersstufe		Ab Klasse 6
Sozialform		Zwei Großgruppen

Kurzbeschreibung

Dieses Bewegungs- und Frage-und-Antwort-Spiel könnt ihr als Alternative zu „Detektiv verrückt" (s.S. 32/33) einsetzen. Ihr bestimmt die Satzglieder *Dativobjekt*, *Akkusativobjekt*, *UA (**U**mstands-**A**ngabe) Zeit*, *UA Ort*, *UA Art und Weise* und *UA Grund*.
Die Satzglieder Subjekt und Prädikatskern müssen bei diesem Spiel nicht mehr bestimmt werden.

Spielvorbereitung

Der Spielleiter überträgt die folgenden Aussagen vor Spielbeginn auf Karteikarten:

- Ich weiß nicht, wem ich glauben soll.
- Ich weiß nicht mehr, wem ich Geld schulde.
- Ich weiß nicht, wem ich das zu verdanken habe.
- Ich weiß nicht mehr, wem ich das Huhn geben soll.
- Ich weiß nicht, wen ich besuchen soll.
- Ich weiß nicht, was ich glauben soll.
- Ich weiß nicht mehr, wen ich gestern getroffen habe.
- Ich weiß nicht mehr, was ich einkaufen soll.
- Ich weiß nicht, wen du meinst.
- Ich weiß nicht, wann der Film beginnt.
- Ich weiß nicht mehr, wann wir uns treffen wollten.
- Ich weiß nicht mehr, wann ich dir Geld geliehen habe.
- Ich weiß nicht, wann die Party steigt.
- Ich weiß nicht, wo der Hund begraben ist.
- Ich weiß nicht mehr, wo du wohnst.
- Ich weiß nicht, wo die Hühner goldene Eier legen.
- Ich weiß nicht mehr, wo dein Vater arbeitet.
- Ich weiß nicht, wohin ich gehen soll.
- Ich weiß nicht, wie ich es dir sagen soll.
- Ich weiß nicht mehr, wie du aussiehst.
- Ich weiß nicht mehr, wie Gummibärchen schmecken.
- Ich weiß nicht, wie die Zeit vergeht.
- Ich weiß nicht, wie man küssen soll.
- Ich weiß nicht, warum der Hund bellt.
- Ich weiß nicht, weshalb du mir so gut gefällst.
- Ich weiß nicht, warum mich der Lehrer immer dran nimmt.
- Ich weiß nicht, wozu ich das lernen soll.

Sechs Experten (2)

Satz**glieder**

 Teilt die Klasse in zwei gleich große **Gruppen A** und **B** ein. Jeder Schüler bekommt eine Karteikarte, auf der ein Aussagesatz zu einem der sechs Satzglieder *Dativobjekt*, *Akkusativobjekt*, *UA Zeit*, *UA Ort*, *UA Art und Weise* und *UA Grund* steht. Schreibt diese sechs Satzgliedbezeichnungen auch noch einmal nebeneinander an die Tafel. Stellt sechs Stühle vor die Tafel.

Spielverlauf Aus jeder Gruppe kommen nun je drei Schüler nach vorne. Das sind die Anfangs-Experten für die Satzgliedbestimmungen! Sie setzen sich nebeneinander vor die Klasse und bekommen – für die anderen Schüler nicht hörbar – eine der entsprechenden Satzglied-Expertenrollen vom Lehrer zugewiesen.
Abwechselnd steht ein Schüler aus den Gruppen A und B auf, geht nach vorne und liest seinen Satz von der Karteikarte laut vor, z.B. „Ich weiß nicht, wo der Hund begraben liegt."
Daraufhin hebt der entsprechende Satzglied-Experte, in diesem Beispiel der für die Umstandsangabe des Ortes, die Hand, winkt den Frager zu sich und schreibt eine passende Antwort auf die Karteikarte, z.B. „im Kohlenkeller". Sollten sich fälschlicherweise zwei oder mehr Experten für das Satzglied-Problem zuständig fühlen, geht der Frager zu jedem Experten, lässt sich ihre Antworten nennen und entscheidet dann selbst, welche er für richtig hält.

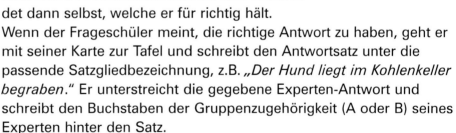

Wenn der Frageschüler meint, die richtige Antwort zu haben, geht er mit seiner Karte zur Tafel und schreibt den Antwortsatz unter die passende Satzgliedbezeichnung, z.B. „*Der Hund liegt im Kohlenkeller begraben.*" Er unterstreicht die gegebene Experten-Antwort und schreibt den Buchstaben der Gruppenzugehörigkeit (A oder B) seines Experten hinter den Satz.
Dann tauscht er mit dem Experten, der ihm seine Satzgliedfrage beantwortet hat, den Platz. Der so abgelöste Experte kehrt in seine Gruppe zurück und wird selbst zum Fragensteller.
Wenn alle Schüler ihre Sätze vorgelesen und beantwortet haben, gibt es Punkte für jeden richtig zugeordneten Satz. Je nach Buchstabe werden die Punkte dann den beiden Gruppen angerechnet.

Ihr könntet auch vorher vereinbaren für Rechtschreibfehler Punktabzüge zu geben, aber das ist eure Entscheidung.

Was ist denn das für einer? (1)

Attri**bute**

Thema		Attribute erkennen und benennen
Altersstufe		Ab Klasse 6
Sozialform		Plenum
Kurzbeschreibung		Ihr bildet verschiedene Arten von Attributen und sortiert sie anschließend nach gemeinsamen Gruppenmerkmalen.
Spielvorbereitung		Alle Spieler bis auf vier bekommen jeweils vier Klebezettel. Der Lehrer bereitet vier größere Pappschilder vor und schreibt auf jedes einen Begriff, z.B. *„Baum"*, *„Hund"*, *„Zwerg"* und *„Auto"*.
Spielverlauf		Die vier Schüler ohne Klebezettel bekommen je ein Schild und stellen sich damit jeder in eine Klassenecke. Die übrigen Mitschüler gehen mit ihren Klebezetteln von Ecke zu Ecke und geben dem auf dem Schild stehenden Nomen eine nähere Bestimmung. Das heißt, sie notieren auf ihren Klebezettel ein Wort (oder mehrere), das das Nomen näher erklärt. Dann kleben sie es auf die Pappschilder.

Was ist denn das für einer? (2)

Bei der Suche nach geeigneten Wörtern könnt ihr euch immer mit der folgenden Frage helfen: *„Was ist das für ein/eine/einer?"*
Haben alle Schüler alle Nomen in den vier Ecken näher bestimmt, kommen die Schüler mit den Schildern vor die Tafel und lesen nacheinander ihre Bestimmungen vor:

> **Beispielsätze**
> - *„Ich bin ein großer Baum, ein Baum mit vielen Ästen, …"*
> - *„Ich bin ein kleiner Zwerg."*
> - *„Ich bin Zwerg mit einem Bart."*
> - *„Ich bin ein Zwerg der sieben Zwerge."*
> - *„Ich bin ein Zwerg, der ein Fragezeichen in der Hand hält."*
> - *„Ich bin Heino, ein singender Zwerg."*

Die näheren Bestimmungen, die ihr nun gesammelt habt, nennt man *Attribute*. Ordnet die genannten Attribute anschließend an der Tafel oder auf dem Overhead-Projektor nach gemeinsamen Merkmalen, z.B. *Ergänzung in Form eines einzelnen Adjektivs* oder *Ergänzung mit einer Präposition*.

Hinweis für den Spielleiter
Bei der Arbeit mit den Klebezetteln ist es natürlich auch denkbar, dass die Schüler die Zettel mit den Attributen in fünf Gruppen (Adjektivergänzung, Genitivergänzung, Präpositionalergänzung, Nebensatzergänzung, Sonstige) auf vorbereitete Plakat-Tafeln kleben.
Zum Abschluss könnten die Schüler dann von jeder Attributsorte willkürlich einen Zettel nehmen und aus diesen einen Satz bilden, in dem sie ihren eigenen Vornamen als Subjekt einsetzen, z.B. *„Ich bin Sonja, der bellende Zwerg mit zwei Airbags, der bis gestern noch in unserem Vorgarten stand."*

Der Attribut-Würfel

Attri**bute**

Thema		Attribute erkennen und benennen
Altersstufe		Ab Klasse 6
Sozialform		Plenum
Kurzbeschreibung		Mit Hilfe des Attributwürfels erkennt und benennt ihr Attribute.
Spielvorbereitung		Ihr beklebt oder bemalt einen größeren Pappwürfel mit sechs verschiedenen Farben. Dann beschriftet ihr von den sechs Würfelseiten zunächst zwei, später dann alle mit den Bezeichnungen für die verschiedenen Attribut-Sorten, je nachdem, wie viele Attribut-Sorten ihr schon kennt (z.B. *Adjektive*, *Partizipien*, *Präpositionalgefüge* usw.). Euer Lehrer bereitet Sätze mit verschiedenen Attributsorten vor. Diese sollten immer schwerer werden: von einfachen Hauptsätzen mit nur einem Adjektivattribut bis hin zu Satzgefügen mit Relativsätzen, die selbst wieder Adjektive und andere Attribut-Sorten enthalten.
Spielverlauf		Immer dann, wenn der Lehrer einen Satz mit einem Attribut vorliest, dreht ihr die entsprechende Würfelseite zur Tafel. Ihr könnt mit dem Attributwürfel auch **ein Wettspiel mit zwei Gruppen** spielen: Jede Gruppe schickt einen Startschüler ins Rennen, der jeweils die richtige Seite des Würfels zeigen muss. Für jedes richtig bestimmte Attribut bekommt die Gruppe einen Punkt. Wenn der Schüler die falsche Seite zeigt, muss er sich setzen und ein anderer Schüler aus seiner Gruppe kommt nach vorne. Die Gruppe mit den meisten Punkten hat gewonnen.

Wahltag

Attri**bute**

Thema	Attribute erkennen und benennen	
Altersstufe	Ab Klasse 6	
Sozialform	Plenum	
Kurzbeschreibung	Ihr erkennt Attribute und ordnet sie den verschiedenen Attribut-Sorten zu.	

Spielvorbereitung

Je nach Zahl der schon besprochenen Attribut-Sorten bereitet der Lehrer für jeden Schüler vier bis sechs verschiedenfarbige Karteikarten oder einfarbige Karten, die mit verschiedenfarbigen Punkten markiert sind, vor. Wenn ihr das Spiel noch lustiger gestalten wollt, könnt ihr vier bis sechs kleinere Kartons mit einem Einwurfschlitz (Attribut-Urne) basteln und diese ebenfalls verschiedenfarbig markieren. Ihr schreibt die schon besprochenen Attribut-Sorten noch einmal mit verschiedenfarbiger Kreide an die Tafel. Außerdem bereitet der Lehrer Sätze mit verschiedenen Attribut-Sorten vor, ggf. mit zunehmendem Schwierigkeitsgrad:
Sätze, in denen nur ein Attribut vorkommt, bis hin zu Sätzen mit mehreren Attributen, die auch noch ineinander verschachtelt sind. Es können aber auch Sätze ohne Attribut dabei sein. Dann teilt ihr die Klasse in **zwei große Gruppen A und B** ein.

Spielverlauf

Jeder Schüler schreibt auf seine Karteikarten den Buchstaben A oder B entsprechend seiner Gruppenzugehörigkeit. Der Lehrer liest die vorbereiteten Sätze langsam vor, schreibt sie an die Tafel oder teilt ein Arbeitsblatt aus.
Die Schüler versuchen die Attribute in den Sätzen zu erkennen und schreiben sie zusammen mit dem jeweiligen Bezugswort auf die entsprechende Karteikarte.
Wenn alle Sätze vorgelesen bzw. alle Attribute von euch zugeordnet worden sind, gehen vier bis sechs Schüler mit den Urnen durch die Klasse und sammeln die verschiedenfarbigen Attributkarten ein.
Wenn alle Karteikarten eingesammelt sind, liest ein Freiwilliger die Attribute mit ihren Bezugswörtern vor.

Für jedes richtig erkannte Attribut bekommt die entsprechende Gruppe einen Punkt. Die Schüler können vorher auch vereinbaren, dass falsch bestimmte Attribute oder falsch benannte Bezugswörter mit einem Strafpunkt versehen werden.

Der rasende Reporter (1)

Gliedsätze

Thema		Gliedsätze bilden und bestimmen
Altersstufe		Ab Klasse 7
Sozialform		Plenum
Kurzbeschreibung		Ihr stellt zu einer vorgegebenen Aussage eine passende W-Frage, beantwortet diese dann mit Hilfe eines Nebensatzes und bestimmt dann den Gliedsatz.
Spielvorbereitung		Der Lehrer bereitet für jeden Schüler einen Zettel mit einem Aussage- bzw. Fragesatz vor. Dieser sollte so formuliert sein, dass er zu einer Frage provoziert, die man am besten mit Hilfe eines Nebensatzes beantwortet. Eine Übersicht über die verschiedenen Arten von Konjunktionalsätzen findet ihr im Anhang (s.S. 51). Ein Lehrer oder ein Schüler bringt von zu Hause ein Mikrofon mit. Wenn niemand ein Mikrofon besitzt, kann man auch eine Spül- oder Haarbürste als Mikrofonersatz benutzen.

Beispielsätze:
- Ich komme heute nicht zum Training.
- Leihst du mir bis Montag 15 Euro?
- Wie schaffe ich das nur, diese verdammten Vokabeln zu behalten?
- O.k., ich helfe dir bei den Matheaufgaben, aber nur ...
- Er ist so müde, dass er heute nicht kommt.
- Obwohl er sich sehr beeilte, kam er zu spät.
- Der Bus ist heute zu spät gekommen.
- Es regnete in Strömen, so dass die Wanderung nicht stattfinden konnte.

Spielverlauf

Nun bestimmt ihr einen Schüler, der als rasender Reporter mit seinem Mikrofon loszieht und einen Mitschüler seiner Wahl auf folgende Art und Weise interviewt:

Rasender Reporter: „Und was denkst du?"
Schüler (liest einen Satz von seinem Zettel vor):
„Ich komme heute nicht zum Training."
Rasender Reporter (stellt eine passende W-Frage):
„Warum kommst du heute nicht zum Training?"
Schüler (antwortet passend zur gestellten W-Frage):
„Weil ich keine Lust habe."

Der rasende Reporter (2)

Glied**sätze**

Rasender Reporter (gibt einen Schlusskommentar mit Adverbialkonstruktion): *„Aus diesem Grunde kommst du also heute nicht zum Training."*

Folgende W-Fragen stehen euch zur Verfügung:
- Wer?
- Warum (nicht)?
- Wann?
- Wo?
- Zu welchem Zweck?
- Auf welche Art und Weise?
- Unter welcher Bedingung?
- Mit welcher Folge?
- Warum trotzdem nicht?

Nach dem Schlusskommentar übergibt der rasende Reporter das Mikrofon an den interviewten Mitschüler, der dann selbst als *„Nina"* oder *„Niko Neugierig"* den nächsten Schüler befragt.
Der Lehrer sollte die Fragewörter bzw. Konjunktionen an der Tafel sammeln und sie später gemeinsam mit den Schülern den verschiedenen Konjunktional-Satzarten zuordnen.

Wann? Wie? Warum?

Gliedsätze

Thema Gliedsätze bilden und erkennen

Altersstufe Ab Klasse 7

Sozialform Plenum

Kurzbeschreibung Ihr bildet zwei kurze Hauptsätze und macht aus einem der beiden Hauptsätze einen konjunktionalen Nebensatz.

Spielvorbereitung **Teilt die Hälfte der Klasse in gleich große Gruppen** ein. Die Anzahl der Gruppen hängt davon ab, wie viele konjunktionale Nebensätze ihr schon kennt. Eine Gruppe vertritt die Kausalkonjunktionen (*da*, *weil*), eine Gruppe die Temporalkonjunktionen (*als*, *nachdem*) usw.
Die andere Hälfte der Klasse bildet vier gleich große Gruppen: drei Hauptsatzgruppen und eine Reportergruppe.

Spielverlauf Ein Schüler aus der ersten Hauptsatzgruppe kommt nach vorne und bildet spontan einen kurzen Hauptsatz, z.B. *„Christian lacht."* Danach kommt eine Schülerin aus der zweiten Hauptsatzgruppe nach vorne, stellt sich neben den ersten Hauptsatzschüler und bildet ebenfalls spontan einen kurzen Hauptsatz, z.B. *„Peter weint."*. Jetzt stellt ein Schüler aus der Reportergruppe eine W-Frage, die thematisch zu einem der beiden Hauptsätze passt, z.B. *„Warum lacht Christian?"* oder *„Wann weint Peter?"*
Je nach W-Frage kommt nun ein Vertreter aus der zur W-Frage passenden Konjunktionalgruppe nach vorne und stellt sich zwischen die beiden Hauptsätze: Nun formuliert er mit Hilfe seiner Konjunktion ein Satzgefüge, z.B. *„Christian lacht, weil Peter weint."*
Der Lehrer sammelt die so entstandenen Konjunktionalsätze und ordnet sie anschließend gemeinsam mit den Schülern nach Kategorien.

Im Anhang auf S. 52 findet ihr eine vergleichende Übersicht von Umstandsangaben im Hauptsatz, dem Satzgefüge und der Satzreihe.

1-2-3-4 Eckstein

Satz**arten**

Thema	Aussage-, Frage-, Aufforderungssatz
Altersstufe	Klasse 5
Sozialform	Plenum
Kurzbeschreibung	Ihr trainiert Aussage-, Frage- und Aufforderungssätze.
Spielvorbereitung	Der Lehrer bringt verschiedene Alltagsgegenstände, einen Stoffbeutel und eine Schnur mit, um den Beutel fest verschließen zu können.
Spielverlauf	Hinter dem Rücken der Schüler wird ein Alltagsgegenstand, z.B. ein Schneebesen, so im Stoffbeutel versteckt und verpackt, dass er nicht sofort beim ersten Anfühlen erraten werden kann. Dann überreicht der Lehrer den geheimnisvollen Sack einem Schüler mit der Frage *„Was habe ich hier drin versteckt?"* Der Schüler betastet den Gegenstand und versucht zu erraten, worum es sich dabei handeln könnte. Er könnte z.B. sagen: *„Da ist eine Zange drin."* Ist die Antwort falsch, übergibt der Lehrer den Beutel einem anderen Schüler mit der Aufforderung: *„Rate du mal, was da drin ist!"*

Weitergegeben und geraten wird so lang, bis einer den Gegenstand errät. Wenn ihr das Geheimnis gelöst habt, kommt ein neuer Gegenstand in den Beutel. Es wird so lange weitergefragt, geantwortet und aufgefordert, bis alle einmal mit Raten dran waren.

Bis die Schlange das Biest biss

Recht**schreibung**

Thema Rechtschreibung, „s" oder „ss"

Altersstufe Ab Klasse 5

Sozialform Plenum

Kurzbeschreibung Ihr trainiert die Unterscheidung von „s" und „ss".

Spielvorbereitung Ihr lernt, mit welcher Handhaltung in der Gebärdensprache der s-Laut dargestellt wird. Die Handzeichen der Gebärdensprache findet ihr im Anhang (s.S. 53). Der Lehrer bereitet Beispielsätze vor, in denen es vor allem um den Unterschied der Schreibung zwischen „s" und „ss" geht. In den Sätzen sollten keine Wörter mit „ß" vorkommen!

Spielverlauf Der Lehrer liest den Beispielsatz zunächst einmal vor. Beim zweiten Mal begleitet er die s-Laute mit den Handhaltungen der Gebärdensprache. Beim dritten Vorlesen versucht ihr die s-Laute selbstständig mit den Gebärden zu begleiten.

Beispielsätze:
- „Das T-Shirt, das Timo anhat, gefällt mir so gut, dass ich es auch gerne haben möchte."
- „Das Tier isst gerne Möhren. Ist es deshalb ein Hase?"

lang – kurz – lang

Recht**schreibung**

Thema Erkennen von langen und kurzen Vokalen

Altersstufe Ab Klasse 5

Sozialform Plenum

Kurzbeschreibung Ihr lernt kurze und lange Vokale unterscheiden.

Spielvorbereitung Ihr lernt folgende Handbewegungen:

- **kurzer Vokal:** Handflächen zusammen

- **langer Vokal:** Handflächen parallel zueinander

Euer Lehrer bereitet Sätze zum Vorlesen vor.

Spielverlauf Euer Lehrer liest die vorbereiteten Sätze langsam vor. Bei Vokalen führt ihr die entsprechenden Handbewegungen aus. Folgen in einem Satz zwei oder mehr lange bzw. kurze Vokale aufeinander, schlagt ihr die ausgebreiteten Hände an der gleichen Stelle einmal kurz in die Luft. Diphtonge werden als lange Vokale markiert.

Wenn ihr die Groß- und Kleinschreibung trainieren wollt, könnt ihr das auch mit Bewegung tun. Der Lehrer liest langsam vorbereitete Sätze vor. Jedes Mal, wenn ein Wort groß geschrieben wird, steht ihr kurz auf.

Jetzt mach aber mal ein Komma!

Zeichen**setzung**

Thema	Zeichensetzung	
Altersstufe	Ab Klasse 7	
Sozialform	Plenum	
Kurzbeschreibung	In diesem Spiel vereinbart ihr mit dem Lehrer einfache Handzeichen für die Satzzeichen und trainiert mit diesen Handzeichen (siehe Kasten unten) die Zeichensetzung im Satzgefüge.	
Spielvorbereitung	Der Lehrer bereitet eine Liste mit verschiedenen Sätzen vor. Dabei sollte auch der Relativsatz vertreten sein und der Hauptsatz nicht immer am Anfang stehen.	
Spielverlauf	Zunächst liest der Lehrer den Satz ohne jedes Satzzeichen vor. Dann noch ein zweites Mal mit deutlich hörbaren Pausen zwischen Haupt- und Nebensatz und schließlich ein drittes Mal. Beim dritten Vorlesen versucht ihr in diesen Pausen mit der Hand die Satzzeichen in die Luft zu malen bzw. zu schlagen. Dabei ruft ihr laut „Komma", „Punkt", „Fragezeichen" oder „Ausrufezeichen".	

„Gib bei Nebensatzverdacht stets auf Beginn (Konjunktion) und Ende (Prädikatskern) Acht!"

Hinweis für den Spielleiter
Die Spiele „Bis die Schlange das Biest biss" und „Jetzt mach aber mal ein Komma!" lassen sich gut kombinieren. Dies gilt vor allem für die Unterscheidung der Konjunktion „dass" vom Relativpronomen „das".

Ihr vereinbart mit eurem Lehrer folgende Handzeichen für Komma und Punkt:

Punkt:	Komma:	Fragezeichen:	Ausrufezeichen:
Ihr drückt mit dem „Schumi-Daumen" einen imaginären Knopf in die Luft.	Ihr macht einen „Karate-Handschlag" durch die Luft.	Ihr malt ein umgekehrtes „S" in die Luft und drückt den „Schumi-Daumen" darunter.	Ihr macht einen „Karate-Handschlag" durch die Luft und drückt den „Schumi-Daumen" darunter.

Ein Nomen entsteht

Wortbildung

Thema	Wortbildung
Altersstufe	Ab Klasse 5
Sozialform	Zwei oder drei Großgruppen
Kurzbeschreibung	Ihr wandelt Verben und Adjektive zu Nomen um.
Spielvorbereitung	Der Lehrer bereitet vier Plakate mit den Endungen „-heit", „-keit", „-ung" und „-nis" vor und schreibt auf kleine Zettel die im Kasten unten genannten Adjektive und Verben. Die Zettel sollten vor Spielbeginn gut gemischt werden.
Spielverlauf	**Vier Schüler** stellen sich **vor der Tafel** mit den Plakaten auf und halten je ein Stück Kreide bereit. Die restlichen Schüler werden in **zwei oder drei gleich große Gruppen (A, B, C)** eingeteilt. Der Lehrer gibt dem ersten Schüler der ersten Gruppe einen Zettel mit einem Adjektiv oder Verb und fordert ihn auf, sich den passenden „Endungspartner" vor der Tafel auszusuchen. Stimmt die Lösung, wird das neu entstandene Nomen mit dem richtigen Artikel an die Tafel geschrieben und dahinter der Buchstabe für die erste Gruppe.

-heit	-keit	-ung	-nis
gesund	sauber	warnen	ergeben
schön	wahrscheinlich	ändern	erleben
berühmt	wirklich	entführen	wagen
dumm	traurig	unterhalten	ereignen
rein	schwierig	erfahren	hindern
fein	eitel	hoffen	erlauben
faul	übel	verwandeln	erkennen
dunkel	dankbar	tarnen	gestehen
klug	einig	handeln	verstehen
feige	einsam	aufregen	begraben
frei	klein	wirken	finster
frech	schnell	kreuzen	gefangen
wahr	hell	rechnen	ärger
unverschämt	gerecht	entschuldigen	geloben

Dann folgt der erste Schüler der 2. Gruppe usw.
Die Gruppe mit den meisten Punkten hat gewonnen.
Ihr könnt euch zum Abschluss dann noch überlegen, von welchem Verb sich das Nomen „Zeugnis" ableitet und wessen Leistung eigentlich damit bezeugt wird.

Präpositionen – Adverbien

Präpositionen

an, auf, aus, außerhalb von, ab

bei, bis

durch, diesseits

entlang

für

gegen, gegenüber (von)

hinter

in, innerhalb von

jenseits

längs, links von

mit, mitten in

nach, neben

ohne, oberhalb von

pro, per, parallel zu

quer zu

rechts von, rings um

seit, seitlich von, statt

trotz

unter, über, um, unterhalb von

von, vor

während, wegen

zwischen, zu

Adverbien

abends, außen, anscheinend, anders, aufwärts, allein, allerdings, andererseits

bald, bisher, besonders, beziehungsweise, bereits

daneben, davor, dafür, danach, deshalb, draußen, dazwischen, damals, dienstags, deinetwegen

ebenso, eigentlich, etwa, eben, einerseits

frühmorgens, freitags, folglich, fälschlicherweise, früher, frühestens

gleich, gestern, gern, glücklicherweise

hinten, hier, heute, heutzutage, hinauf hoffentlich, höchstens, herunter

innen, irgendwo, irgendwann, inzwischen, immerhin, ihretwegen

jemals, jetzt, jedoch

längst, leider, links

mittags, morgens, montags, manchmal, meistens, möglicherweise, miteinander

nirgendwo, nirgends, niemals, nachts, neulich, noch, notfalls, nebenbei, nacheinander

oft, offenbar, oben

paarweise, plötzlich, pausenlos

quasi, quer, querfeldein

rechts, rückwärts, ringsum, rittlings, reihenweise

samstags, selten, sehr, sonst, somit, sofort, schon, seltsamerweise, seinetwegen

trotzdem, tagsüber

umher, unten, umsonst, überaus, übermorgen

vorgestern, vorn, vorher, vormittags, vielleicht, vorsichtshalber

währenddessen, wahrscheinlich, werktags, wenigstens

zeitweise, zwischendurch, ziemlich, zwangsweise, zuerst, zuletzt, zusammen

> Diese Listen sind nicht vollständig, denn es gibt natürlich noch mehr Adverbien und Präpositionen.

Allerlei Gründe ...

Anhang

putze ich meine Zähne.

Ich putz(t)e meine Zähne,

konditional — Falls ich dazu Lust habe, / Wenn ich es für sinnvoll erachte, — **Bedingung**

final — Damit sie gesund bleiben, / Um Karies zu verhindern, — **Zweck/Beweggrund**

modal — indem ich eine Zahnbürste benutze. — **Art und Weise**

konzessiv — Obwohl ich keine Lust dazu habe, — **Gegengrund**

konsekutiv — sodass es eine Freude ist. / sodass mein Zahnarzt mit mir zufrieden war. — **Folge**

kausal — Da es so üblich ist, / Weil es mir mein Zahnarzt empfohlen hat, — **Grund**

temporal — nachdem ich mich gewaschen habe. / bevor ich zu Bett gehe. — **Zeit**

... und andere Möglichkeiten, einen Sachzweck mit Gliedsätzen zu erklären.

Umstandsangaben

Anhang

	Präpositionalgefüge (Hauptsatz)	Konjunktion (Satzgefüge)	Adverb (Satzreihe)
1. kausal (Grund): warum?	*Wegen Umbaus* bleibt das Geschäft geschlossen.	*Da/Weil* das Geschäft umgebaut wird, bleibt es geschlossen.	Das Geschäft wird umgebaut, *deshalb* bleibt es geschlossen.
2. final (Zweck): wozu?	*Zur Rettung der Schiffbrüchigen* werden von der Küstenwache Hubschrauber eingesetzt.	Die Küstenwache setzt Hubschrauber ein, *damit die Schiffbrüchigen gerettet werden.*	Die Schiffbrüchigen sollen gerettet werden, *dazu* werden Hubschrauber eingesetzt.
3. konditional: Unter welcher Bedingung?	*Im Falle eines Falles* klebt UHU wirklich alles.	*Wenn etwas zu kleben ist,* nimm am besten UHU.	Du musst etwas kleben, *dann* nimm am besten UHU!
4. konsekutiv (Folge): Mit welcher Folge?	*Zum Entsetzen der Zuschauer* explodierte der Motor.	Der Motor explodierte, *sodass sich die Zuschauer entsetzten.*	Der Motor explodierte, *folglich* entsetzten sich die Zuschauer.
5. konzessiv (Einräumung): Trotz welchen Hindernisses?	*Trotz des schlechten Wetters* startete die Expedition.	*Obwohl schlechtes Wetter herrschte,* startete die Expedition.	Es herrschte schlechtes Wetter, *trotzdem* startete die Expedition.
6. temporal (Zeit): wann?	*Nach dem Spiel* waren die Fans begeistert.	*Nachdem das Spiel zu Ende war,* waren die Fans begeistert.	Das Spiel war zu Ende, *danach* waren die Fans begeistert.

Gebärden-Alphabet

An**hang**

G	N	U	
F	M	T	
E	L	S	Z
D	K	R	Y
C	J	Q	X
B	I	P	W
A	H	O	V

Literaturtipps

An**hang**

Bosch, Brigitte; Schliebitz, Christoph:
**Sprache spielend begreifen,
neue Rechtschreibung.**
Arbeitsmittel für die Freiarbeit im Grammatikunterricht
in den Klassen 5 und 6.
Klett-Verlag 1996.
ISBN 3-12-327070-X

Bussen, Dietrich:
Diktate üben – locker!
Klassen 5–6.
Verlag an der Ruhr 2000.
ISBN 3-86072-592-0

Bussen, Dietrich:
Diktate üben – locker!
Klassen 7–8.
Verlag an der Ruhr 1998.
ISBN 3-86072-358-8

Enz, Peter; Brunner, Peter:
Das treffende Verb.
Eine Freiarbeitsmappe zur Wortschatzerweiterung.
Verlag an der Ruhr 1998.
ISBN 3-86072-384-7

Esser, Rolf:
Arbeitsblätter Grammatik für die Sek. I.
Verlag an der Ruhr 2001.
ISBN 3-86072-622-6

Lauster, Ursula:
Grammatikspiele für die 6. Klasse.
Lentz-Verlag 2002.
ISBN 3-88010-736-X

Lauster, Ursula:
Grammatikspiele für die 5. Klasse.
Satzbildung, Die vier Fälle,
Sprachlicher Ausdruck.
Lentz-Verlag 2002.
ISBN 3-88010-704-1

Küppers, Henny:
Deutschspiele zum Selbermachen.
Verlag an der Ruhr 1999.
ISBN 3-924884-97-8

Küppers, Henny:
Der Satzbaukasten.
Verlag an der Ruhr 1998.
ISBN 3-927279-66-8

Piel, Alexandra:
Sprache(n) lernen mit Methode.
170 Sprachspiele für den Deutsch- und Fremdsprachenunterricht.
Verlag an der Ruhr 2002.
ISBN 3-86072-740-4

Widmer, Reini; Sünkel, Roger:
**Grammatik-Werkstatt:
Verben, Nomen, Adjektive.**
Verlag an der Ruhr 2000.
ISBN 3-86072-555-6